D1279841

Sé un líder de la comunidad

# Cómo organizar
# una manifestación

Leslie Harper
Traducido por Alberto Jiménez

**PowerKiDS** press.
New York

Published in 2015 by The Rosen Publishing Group, Inc.
29 East 21st Street, New York, NY 10010

First Edition

Editor: Norman D. Graubart
Book Design: Joe Carney
Book Layout: Colleen Bialecki
Photo Research: Katie Stryker

Photo Credits: Cover, pp. 5, 17 Fuse/Thinkstock; p. 4 Fotosearch/Archive Photos/Getty Images; p. 6 Paul Thompson/Hulton Archive/Getty Images; p. 7 Universal Images Group/Getty Images; pp. 8, 28 Jupiterimages/ Stockbyte/Thinkstock; p. 9 Rich Legg/E+/Thinkstock; p. 10 Michael Smith/Hulton Archive/Getty Images; p. 11 Jamie Grill/Getty Images; p. 13 Rob Hainer/Shutterstock.com; p. 14 Visage/Stockbyte/Getty Images; p. 15 TFoxFoto/Shutterstock.com; p. 16 Jupiterimages/pixland/Thinkstock; p. 18 Pimnana_01/Shutterstock. com; p. 19 Robert Mandel/iStock/Thinkstock; p. 20 Tom Williams/CQ-Roll Call Group/Getty Images; p. 21 JonathanCohen/E+/Getty Images; p. 23 Design Pics/Thinkstock; p. 24 Monkey Business Images/Shutterstock. com; p. 25 Digital Vision/Getty Images; p. 26 Robert Ginn/Photolibrary/Getty Images; p. 27 Sergey Borisov/ iStock/Thinkstock; p. 29 Blend Images-Hill Street Studios/Brand X Pictures/Getty Images; p. 30 Blend Images-KidStock/Brand X Pictures/Getty Images.

Library of Congress Cataloging-in-Publication Data

Harper, Leslie.
[How to organize a rally. Spanish]
Cómo organizar una manifestación / by Leslie Harper ; translated by Alberto Jiménez. — 1st ed.
    pages cm. — (Sé un líder de la comunidad)
Includes index.
ISBN 978-1-4777-6913-3 (library binding) — ISBN 978-1-4777-6914-0 (pbk.) —
ISBN 978-1-4777-6915-7 (6-pack)
1. Demonstrations—Juvenile literature. I. Title.
HM866.H3718 2015
363.32'3—dc23
                          2014002974

Manufactured in the United States of America

CPSIA Compliance Information: Batch #WS14PK3: For Further Information contact Rosen Publishing, New York, New York at 1-800-237-9932

# Contenido

¿Qué es una manifestación?                        4

Una mirada al pasado                              6

Tu causa                                         8

El lugar es importante                           12

¿Quiénes vendrán?                                16

Carteles y pancartas                             18

¡Haz correr la voz!                              22

El gran día                                      24

Hacer conexiones                                 28

Seguimiento                                      30

Glosario                                         31

Índice                                           32

Sitios de Internet                               32

# ¿Qué es una manifestación?

En Estados Unidos la gente disfruta de importantes derechos y libertades. Muchos de estos derechos se incluyen en la **Carta de Derechos**, de la Constitución. Un derecho fundamental mencionado en la Carta de Derechos es el que tiene la gente de reunir a grupos de personas para expresar ideas pacíficamente.

La Convención Constitucional tuvo lugar en Filadelfia, Pensilvania, en 1787. Este es el lugar donde se firmó la Constitución.

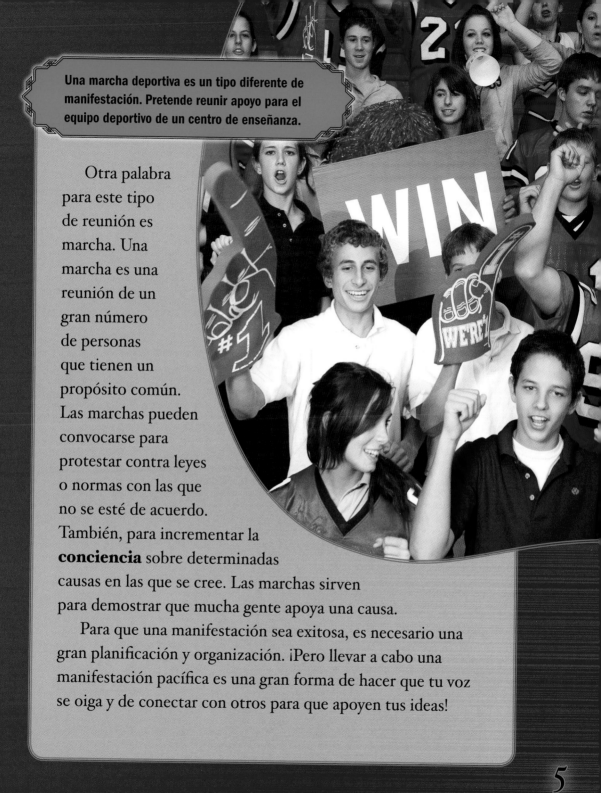

Una marcha deportiva es un tipo diferente de manifestación. Pretende reunir apoyo para el equipo deportivo de un centro de enseñanza.

Otra palabra para este tipo de reunión es marcha. Una marcha es una reunión de un gran número de personas que tienen un propósito común. Las marchas pueden convocarse para protestar contra leyes o normas con las que no se esté de acuerdo. También, para incrementar la **conciencia** sobre determinadas causas en las que se cree. Las marchas sirven para demostrar que mucha gente apoya una causa.

Para que una manifestación sea exitosa, es necesario una gran planificación y organización. ¡Pero llevar a cabo una manifestación pacífica es una gran forma de hacer que tu voz se oiga y de conectar con otros para que apoyen tus ideas!

# Una mirada al pasado

A lo largo de la historia, muchos grupos han utilizado las manifestaciones para expresar ideas. Importantes movimientos han utilizado las manifestaciones para reclamar a los gobiernos a que cambien leyes. Por ejemplo, antes de 1920 las mujeres de Estados Unidos no tenían derecho a votar. En 1913, unas 8,000 mujeres se reunieron en Washington D.C. para participar en una manifestación en pro del **sufragio** femenino. Las participantes desfilaron frente a la Casa Blanca mientras la gente les gritaba y les tiraba cosas. Muchos empezaron a apoyar entonces la causa de las mujeres.

Aquí, las mujeres se manifiestan en pro del sufragio en la ciudad de Nueva York. Obtuvieron el derecho al voto en 1920.

Otro ejemplo famoso es la marcha sobre Washington cuyo lema era Trabajo y libertad. Se celebró en Washington en 1963, liderada por Martin Luther King Jr. Más de 200,000 personas, la mayoría afroamericanos, se sumaron a la marcha para abogar por los derechos civiles. Fue aquí donde Martin Luther King Jr. pronunció su famoso discurso "Tengo un sueño". El año siguiente, 1964, el gobierno de Estados Unidos aprobó la Ley de los derechos civiles.

La marcha sobre Washington fue una de las mayores manifestaciones de la historia norteamericana.

# Tu causa

La idea para tu manisfestación debe ser acerca de tu causa. Empieza por mirar a tu alrededor: ¿Qué te gustaría cambiar? Tal vez opines que un solar vacío que hay cerca de tu escuela podría convertirse en un buen parque público. Puede que un río o un lago de tu pueblo esté contaminado y querrías que el gobierno municipal lo limpiara. Céntrate en asuntos importantes para ti y que te preocupan. Si necesitas ayuda a la hora de decidirte por una causa, háblalo con tus amigos y familiares. Alguien que conozcas tal vez se interese apasionadamente por una causa que también te interese a ti.

Si tu ciudad o tu pueblo cuentan con un periódico online, es un buen lugar para obtener información sobre una causa local.

Las personas que trabajan en el ayuntamiento se ocupan de problemas locales todos los días. Están ahí para servirte, así que no temas hablarles de tu causa.

También puedes leer el periódico local o asistir reuniones del **Ayuntamiento**. Esto te dará una idea de los temas que preocupan a otras personas. Quizá descubras que tienes opiniones muy vehementes sobre determinado asunto en el que no habías pensado antes. ¡Ofrecerse a organizar una marcha para llamar atención sobre una causa es un magnífico modo de ayudar!

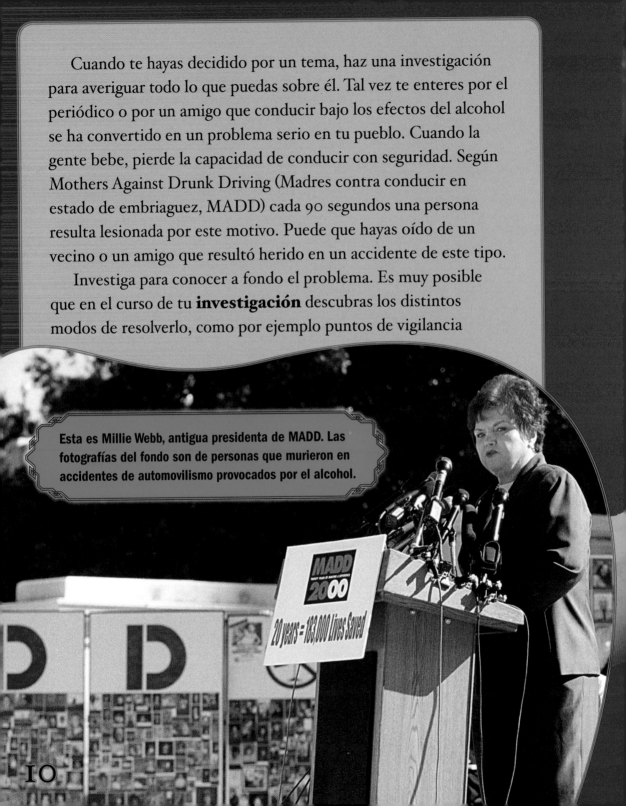

Cuando te hayas decidido por un tema, haz una investigación para averiguar todo lo que puedas sobre él. Tal vez te enteres por el periódico o por un amigo que conducir bajo los efectos del alcohol se ha convertido en un problema serio en tu pueblo. Cuando la gente bebe, pierde la capacidad de conducir con seguridad. Según Mothers Against Drunk Driving (Madres contra conducir en estado de embriaguez, MADD) cada 90 segundos una persona resulta lesionada por este motivo. Puede que hayas oído de un vecino o un amigo que resultó herido en un accidente de este tipo.

Investiga para conocer a fondo el problema. Es muy posible que en el curso de tu **investigación** descubras los distintos modos de resolverlo, como por ejemplo puntos de vigilancia

Esta es Millie Webb, antigua presidenta de MADD. Las fotografías del fondo son de personas que murieron en accidentes de automovilismo provocados por el alcohol.

por parte de la policía. Averigua si tu pueblo tiene una oficina local de MADD o alguna organización similar que luche contra conducir ebrio.

Al planear tu manifestación, piensa qué acciones querrías que la gente llevara a cabo. Por ejemplo, tu manifestación puede que logre que más personas se ofrezcan a ser conductores designados. Los conductores designados llevan a casa con seguridad a la gente que ha estado bebiendo.

Esta persona le entrega las llaves de su coche al conductor designado que los conducirá a casa sanos y salvos. Esta es una solución práctica a este problema.

## Consejos

*Si en el asunto que elijas debe intervenir el gobierno local, averigua qué departamento es responsable de las decisiones sobre él y qué información puede necesitar. Pídele a un maestro o a un bibliotecario que te ayude a investigar las leyes y los nombres de los funcionarios de la administración local.*

11

# El lugar es importante

Otra decisión importante que tendrás que tomar es en dónde va a tener lugar tu manifestación. Algunas manifestaciones, llamadas marchas, comienzan en un lugar y terminan en otro, lo que puede resultar una forma eficaz de atraer la atención de la gente a lo largo de la ruta. Las manifestaciones que recorren una vía pública generalmente requieren de un **permiso** de la policía local. Para tu primera manifestación, lo más sencillo es que elijas un lugar concreto.

Al seleccionar un lugar, debes tener en cuenta donde pase mucha gente. Piensa que el motivo principal de tu manifestación es demostrar apoyo por tu causa, y que otros conozcan la misma. El estacionamiento de un centro comercial o de un supermercado puede ser una buena elección. Si tu ciudad tiene una plaza o un parque frecuentados, intenta celebrar allí tu manifestación. Te conviene, en cualquier caso, un lugar por el que mucha gente pase todos los días. Si hacer que la administración local promulgue una ley o tome algún tipo de medida es uno de los objetivos de la manifestación, considera la posibilidad de hacerla frente al Ayuntamiento.

Esta es la plaza de un pueblo. Tal vez el sitio ideal para que las personas se unan al acto.

13

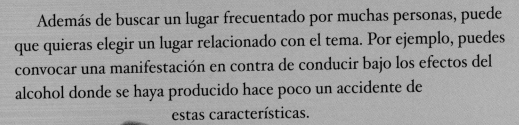

Además de buscar un lugar frecuentado por muchas personas, puede que quieras elegir un lugar relacionado con el tema. Por ejemplo, puedes convocar una manifestación en contra de conducir bajo los efectos del alcohol donde se haya producido hace poco un accidente de estas características.

Una vez que hayas elegido un lugar, ponte en contacto con el dueño de la propiedad y pídele permiso para celebrar la manifestación allí. Tienes que estar preparado para explicar el motivo de tu manifestación, y contestar preguntas que puedan tener, como número de personas que van a congregarse y cuánto tiempo durará la manifestación.

Cuando pidas el permiso, di cuántos asistentes crees que participarán. Hazle saber también si usarás micrófonos o megáfonos.

El departamento de policía otorga permisos de manifestación. Pídele también que envíe algún agente para velar por la seguridad de todos.

Como las normas cambian de una ciudad a otra, deberás ponerte en contacto con el departamento de la policía local y averiguar si necesitas un permiso para celebrar el acto. Si es así, solicítalo cuanto antes, porque pueden pasar varias semanas antes de que se tramite y te lo concedan.

## Consejos

Al planear tu manifestación haz lo posible por obtener permiso de todos los implicados, incluyendo el propietario, la policía y tus padres. No querrás pasar semanas o meses organizándola para que la cancelen antes de empezar. En caso de que alguien no te dé permiso, ten otro lugar como alternativa.

# ¿Quiénes vendrán?

Uno de los principales objetivos de tu manifestación es mostrar apoyo popular para tu causa o asunto. Hacer que mucha gente asista es el mejor modo de conseguirlo. Según se acerca el día de la manifestación es de esperar que sean muchos miembros de tu **comunidad** los que sepan de ella y asistan. Sin embargo, debes invitar a todos los conocidos que puedas, como padres, miembros de la familia y amigos que participen, que te apoyen a ti y a tu causa.

Pide una amiga que informe a cinco de sus amigos sobre la manifestación. Si cada uno de esos cinco se lo cuenta a otros cinco, ¡25 personas más se habrán enterado!

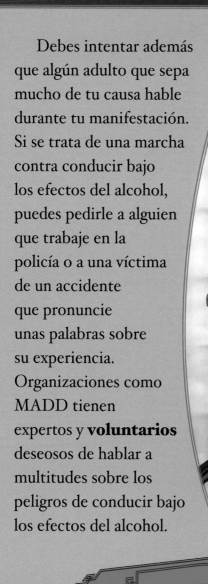

Debes intentar además que algún adulto que sepa mucho de tu causa hable durante tu manifestación. Si se trata de una marcha contra conducir bajo los efectos del alcohol, puedes pedirle a alguien que trabaje en la policía o a una víctima de un accidente que pronuncie unas palabras sobre su experiencia. Organizaciones como MADD tienen expertos y **voluntarios** deseosos de hablar a multitudes sobre los peligros de conducir bajo los efectos del alcohol.

Por lo general, quienes han sido lesionados en esta clase de accidentes quieren hablar de ello. Creen que sus historias harán que la gente conduzca con mayor seguridad.

## Consejos

*Otra posibilidad es ponerte en contacto con el alcalde de tu pueblo o un miembro del concejo municipal y pedirle que se sume al acto. Investiga un poco y averigua si algunos de los funcionarios públicos tienen especial interés en tu causa. Aunque no hablen, el hecho de que estén presentes, atraerá más la atención.*

# Carteles y pancartas

Un aspecto importante de tu manifestación es que la gente se presente. Pero una vez que lleguen, querrás que se mantengan atentos a tu causa y darles la mayor información posible. Procura que la manifestación sea interesante y animada para el público. Algunas manifestaciones o desfiles utilizan carrozas y música para llamar más la atención.

Un megáfono puede ser útil para atraer a la gente, pero nunca para gritar.

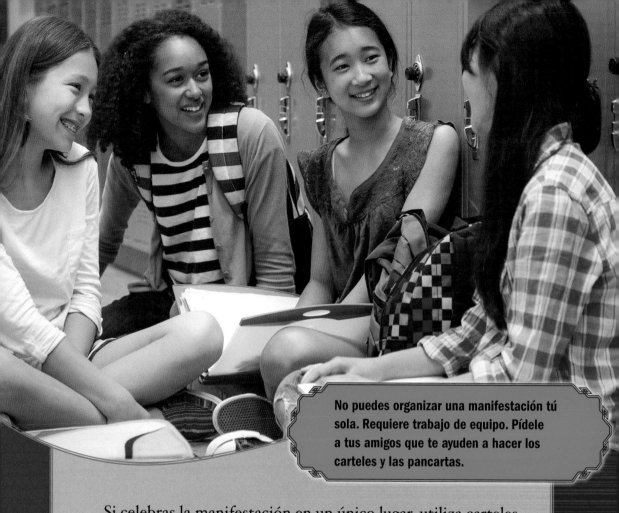

No puedes organizar una manifestación tú sola. Requiere trabajo de equipo. Pídele a tus amigos que te ayuden a hacer los carteles y las pancartas.

Si celebras la manifestación en un único lugar, utiliza carteles, pancartas y eslóganes atrayentes que capten la atención de los asistentes y sean informativos.

Si has pedido a alguien que hable en tu manifestación, piensa qué podría necesitar. Por ejemplo, ¿hablará desde un estrado o una plataforma? ¿Necesitará un micrófono para que se le oiga en espacios grandes? Si es así, tendrás que conseguir altavoces, equipo eléctrico, y todo lo necesario. Haz una lista de todo lo que te hace falta y vete tachando lo que consigas. ¡Asegúrate de tenerlo todo listo antes del día de la manifestación!

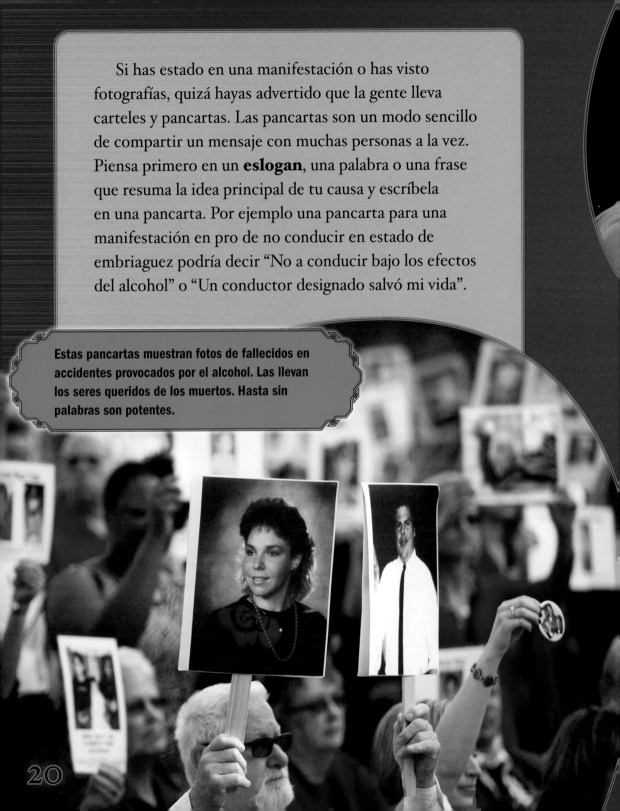

Si has estado en una manifestación o has visto fotografías, quizá hayas advertido que la gente lleva carteles y pancartas. Las pancartas son un modo sencillo de compartir un mensaje con muchas personas a la vez. Piensa primero en un **eslogan**, una palabra o una frase que resuma la idea principal de tu causa y escríbela en una pancarta. Por ejemplo una pancarta para una manifestación en pro de no conducir en estado de embriaguez podría decir "No a conducir bajo los efectos del alcohol" o "Un conductor designado salvó mi vida".

Estas pancartas muestran fotos de fallecidos en accidentes provocados por el alcohol. Las llevan los seres queridos de los muertos. Hasta sin palabras son potentes.

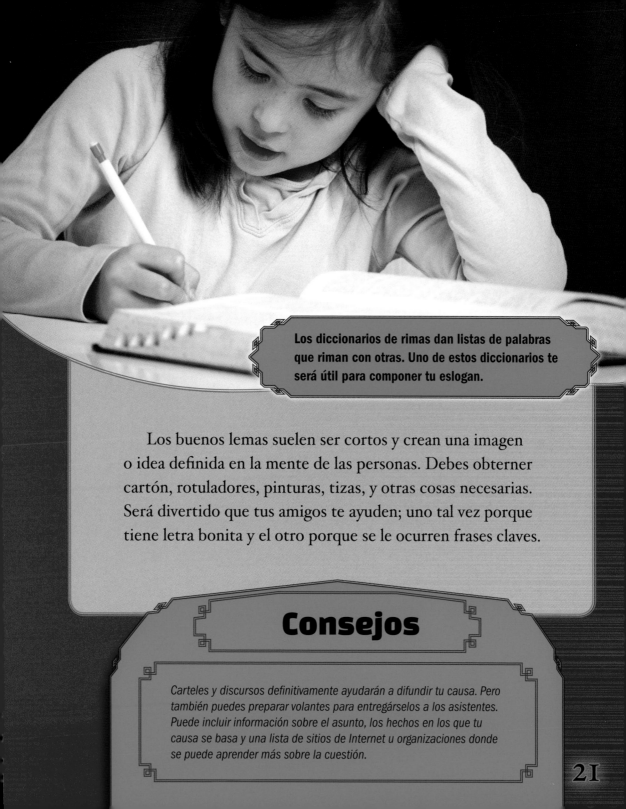

Los diccionarios de rimas dan listas de palabras que riman con otras. Uno de estos diccionarios te será útil para componer tu eslogan.

Los buenos lemas suelen ser cortos y crean una imagen o idea definida en la mente de las personas. Debes obterner cartón, rotuladores, pinturas, tizas, y otras cosas necesarias. Será divertido que tus amigos te ayuden; uno tal vez porque tiene letra bonita y el otro porque se le ocurren frases claves.

## Consejos

Carteles y discursos definitivamente ayudarán a difundir tu causa. Pero también puedes preparar volantes para entregárselos a los asistentes. Puede incluir información sobre el asunto, los hechos en los que tu causa se basa y una lista de sitios de Internet u organizaciones donde se puede aprender más sobre la cuestión.

# ¡Haz correr la voz!

Cuando los detalles de cuándo y dónde va a tener lugar tu manifestación estén decididos, es el momento de anunciarla. Cuéntaselo a todo el mundo y pide a tus conocidos que ellos a su vez lo hagan. Los volantes sirven también para hacer correr la voz. Asegúrate de incluir la fecha, la hora y el lugar del acto. Deberás también incluir alguna información sobre tu causa para interesar gente en tu causa. De ser posible, incluye también una foto o dibujo que ilustre tu causa.

Cuando tengas el volante diseñado, pídele a un adulto que te ayude a sacar copias. Pega los volantes en tu barrio y en los alrededores. Puedes fijarlos en supermercados, bibliotecas, iglesias y colegios. Y si, por ejemplo, tu manifestación es en contra de conducir bajo los efectos del alcohol, entrega el volante en los restaurantes y bares de tu zona. Decidas donde decidas colocarlos, pide siempre permiso al dueño o encargado.

Los postes de la luz o teléfono son buenos lugares para fijar los volantes.

# ¡NO CONDUZCAS SI BEBES!

CUÁNDO: Jueves, 9 de abril
DÓNDE: La plaza del pueblo
POR QUÉ: ¡Por la seguridad de la gente
en las carreteras que compartimos!
QUÉ TRAER: ¡A ti mismo,
un cartel y un amigo!

# El gran día

Llega el día de la manifestación. Vete temprano al sitio elegido para saludar a la gente según va llegando. Asegúrate de tener contigo todo lo que necesitas, incluyendo carteles, micrófonos y volantes. Si te dijeron que necesitabas un permiso, llévalo también.

Si pegas los volantes con bastante anticipación, más gente los verá.

24

LOS CONDUCTORES DESIGNADOS SALVAN VIDAS

¡Diviértete en tu manifestación! Aunque tu causa sea seria puedes disfrutar de haber logrado reunir a tu comunidad.

Una vez que comience la manifestación, se acercarán algunas personas para preguntar de qué se trata. Tal vez sea útil que algunos voluntarios estén cerca de donde la gente pasa y así pueden contestar a sus preguntas, informar de la causa y entregar los volantes que has impreso. Recuerda a los voluntarios que deben ser corteses en todo momento.

A veces una manifestación atrae la atención de personas que no están de acuerdo con esa causa. Si alguien se dirige a ustedes y se muestra grosero o agresivo deben mantener la calma. Sigan siendo corteses y limítense a dar información. Si temen por su seguridad, avísenle a un padre o a un policía.

Según la manifestación avanza, intenta que todo avance progresivamente. Puedes guiar a la gente a que cante lemas a favor de tu causa. También puedes pedirles a algunos voluntarios que tomen ellos la iniciativa. Procura que los manifestantes canten en voz alta algunas de las consignas o lemas. Las consignas o lemas deben ser cortos y expresar la idea básica de la manifestación. Por ejemplo, el eslogan "Si bebes, no manejes" es breve y efectivo.

Según la manifestación se acerca a su final, agradece a los asistentes su presencia. Recuérdales una vez más la importancia de apoyar tu causa. Anímalos a que investiguen más, a que hablen con sus amigos sobre el tema y escriban una carta a un funcionario público local para hablar de tu causa.

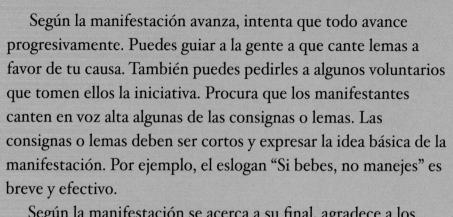

La policía acude a veces para velar por la seguridad de los asistentes. Trátalos con cortesía y muéstrate agradecido.

Es importante limpiar la basura que haya dejado la manifestación. Mostrará a la gente de la zona que los que fueron, son personas responsables.

Cuando la manifestación termine y antes de irte, comprueba que te llevas lo que trajiste. Si hay basura o desperdicios recójanlo todo para que el lugar quede limpio.

# Hacer conexiones

La razón principal de una manifestación es mostrar apoyo por una causa y a la vez transmitir información útil. Pero puede tener otro importante propósito: ponerte en contacto con otros a quienes le preocupa lo mismo que a ti. La gente que asiste a las manifestaciones por lo general cree firmemente en una causa y quiere lograr cambios en las escuelas, las comunidades o el país. Hablando con la gente y haciendo conexiones puedes crear una red de gente comprometida y dispuesta.

Escribe un post en un blog sobre la experiencia de tu manifestación. Déjales saber a los demás lo que hiciste, incluso si no pudieron asistir.

Comunícale a algún funcionario electo acerca de tu manifestación. Los políticos quieren conocer lo que les preocupa a los votantes.

Trata de conseguir información y datos de cualquiera que demuestre interés por involucrarse en tu causa. Considera la posibilidad de pasar una hoja para que escriban su dirección de correo electrónico, una forma rápida y fácil de compartir información y de comunicarse con mucha gente. Otra posibilidad es crear un boletín mensual para enviar por correo electrónico con información actualizada.

# Seguimiento

Organizar una manifestación es una tarea considerable. Cuando termine, envía mensajes de agradecimiento a quien se haya prestado voluntario para ayudarte. También a los propietarios que te permitieron usar su estacionamiento o al responsable de la policía local que te ayudó a conseguir el permiso. Quizá los mensajes de gratitud no te parezcan gran cosa, pero sirven para que la gente sepa cuánto valoras su ayuda.

Organizar una manifestación es sólo un paso para lograr cambios. ¡Si algo te preocupa mucho, continúa involucrado! Aprende lo que más puedas y procura mantenerte al día. Puedes escribirle a un funcionario o decir unas palabras en tu escuela. ¡Encuentra todos los medios posibles de hacer oír tu voz!

Redacta notas para los voluntarios y los asistentes a la manifestación que te ayudaron. Valorarán tu agradecimiento.

# Glosario

**Ayuntamiento** Grupo de personas que promulga las leyes de una ciudad.

**Carta de Derechos** (Bill of Rights) Las diez primeras enmiendas de la Constitución de Estados Unidos.

**comunidad** Un lugar donde la gente vive y trabaja, o la gente que compone tal lugar.

**conciencia** Conocimiento de lo que sucede a tu alrededor.

**convocar** Citar a personas a que concurran a un lugar o acto.

**eslogan** Palabra o frase utilizada para comunicar a otros una idea.

**investigación** Estudio cuidadoso.

**permiso** Autorización por escrito para hacer algo.

**red** Grupo de cosas conectadas entre sí que interactúan.

**sufragio** Derecho a votar. Las mujeres de Estados Unidos lo obtuvieron en 1920.

**volantes** Papeles que comunican públicamente algo que sucede, una convocatoria o cosas para vender.

**voluntarios** Gente que trabaja sin cobrar.

# Índice

**C**

causa(s), 5–6, 8–9, 12, 16–18, 20–22, 25–26, 28–29

**E**

eslogan, 20–21, 26
Estados Unidos 4, 6–7

**D**

derechos, 4, 6–7

**G**

gobierno, 6–8, 11

**I**

información, 11, 18–19, 21–22, 25, 28–30

**idea(s)**, 5–6, 8–9, 21, 26
investigación, 10–11, 17

**L**

leyes, 5–7, 11–12

**M**

movimiento, 6

**N**

normas, 5, 15

**O**

organizaciones, 5, 11, 17, 21

**P**

periódico, 9–10
permiso, 12–15, 24, 30
propósito, 5, 28

**R**

red, 28
reunión, 5, 9

**S**

sufragio, 6

**V**

voluntarios, 17, 25–26

# Sitios de Internet

Debido a que los enlaces de Internet cambian a menudo, PowerKids Press ha creado una lista de los sitios Internet que tratan sobre el tema de este libro. Este sitio se actualiza con regularidad. Por favor, usa este enlace para ver la lista:
www.powerkidslinks.com/beacl/rally/